# 日本語のしくみ（6）

## －日本語構造伝達文法 X－

### 653問題集

[A]　　　　　　　　　　　　　[B]

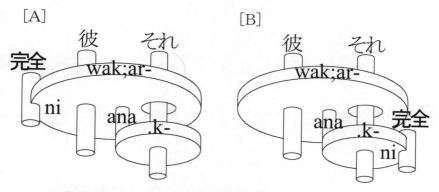

解答例 W7-4　　それが完全に分からない

sore-ga 完全-ni wakar-ana.k-

[A] sore-ga 完全-ni wakar-ana.k-　（否定1）（80％分かる）

[B] sore-ga 完全-ni wakar-ana.k-　（否定2）（0％分かる）

今 泉 喜 一

- 本書には『日本語のしくみ』シリーズの「問い」を，一部改編して集めました。
- 表示は，たとえば「Up.23」は，『日本語のしくみ(3) －U－』の 23ページ という意味で，「V3.2」は，『日本語のしくみ(4) －V－』の 3.2項 という意味です。
- 図が引用である場合，参照できるように，引用元の図番をそのまま付けてあります。
- ホームページは https://www.kouzou.biz/bumpoo.html で，すべての本が読めます。

### 各章の問題数とページ　　（目次に代えて）

| 日本語のしくみ ＼ 章 | 1章 | 2章 | 3章 | 4章 | 5章 | 6章 | 7章 | あとがき | 合計 |
|---|---|---|---|---|---|---|---|---|---|
| 日本語のしくみ(1)から －S－ p.1 | S1章 47問 p.2 | S2章 9問 p.3 | S3章 30問 p.3 | | | | | あとがき 33問 p.4 | 119問 |
| 日本語のしくみ(2)から －T－ p.7 | T1章 42問 p.8 | T2章 20問 p.9 | T3章 25問 p.9 | T4章 8問 p.10 | T5章 8問 p.10 | | | あとがき 34問 p.11 | 137問 |
| 日本語のしくみ(3)から －U－ p.13 | U1章 7問 p.14 | U2章 21問 p.14 | U3章 21問 p.15 | U4章 20問 p.15 | U5章 5問 p.16 | U6章 7問 p.16 | U7章 14問 p.16 | あとがき 34問 p.17 | 129問 |
| 日本語のしくみ(4)から －V－ p.19 | V1章 22問 p.20 | V2章 18問 p.20 | V3章 60問 p.21 | | | | | あとがき 34問 p.23 | 134問 |
| 日本語のしくみ(5)から －W－ p.25 | W1章 3問 p.26 | W2章 10問 p.26 | W3章 22問 p.26 | W4章 20問 p.27 | W5章 18問 p.27 | W6章 問17 p.28 | W7章 問11 p.28 | あとがき 33問 p.29 | 134問 |
| | | | | | | | 全問題数 | | 653問 |

# 『日本語のしくみ(1)』から

## - S -

- 『日本語のしくみ(1)』に載せてある問いをここに集めました。
- 解答は，『日本語のしくみ(1)』の「解答例」を見てください。
- ※印の付いているものは，特に興味深いものです。

## S1章　構造の基本

問S1- 1　「彼と 3時に 会う。」の「と」「に」はどんな論理関係を表していますか。

※問S1- 2　「私，行きます。」の「私」には格がありますか，無格ですか。

問S1- 3　辞書の見出し語としての「海」には格がありますか，無格ですか。

問S1- 4　「妹が飛行機で北京に行く。」という文に「机」が入らないのはなぜですか。

※問S1- 5　「田中さん∅1いますね。」「田中さんがいますね。」の違いは何ですか。

問S1- 6　「私∅1歌います。」「私が歌います。」の違いは何ですか。

問S1- 7　「彼，いますね。」「彼はいますね。」の違いは何ですか。

※問S1- 8　「彼はいますね。」「彼がいますね。」の違いは何ですか。

問S1- 9　「映画は見ます。」の「映画」は主語ですか。説明してください。

※問S1-10　「私，学生です。」は「私は学生です。」の「は」の省略ですか。

問S1-11　「兄は居間にいる。」の s③ と s⑦ の違いを説明してください。

※問S1-12　「由紀さんの絵」の「由紀さん」はどんな格を持っていますか。

※問S1-13　「海の指」はどんな意味ですか。

問S1-14　「パーティーの広間の壁の絵の画家の名」を「の」を使わずに言えますか。

問S1-15　「だ」と「です」が省略形であることの説明ができますか。

※問S1-16　「です」が「だ」より丁寧である理由は説明できますか。

問S1-17　「学生だろう」「学生でしょう」の構造はどのようなものですか。

※問S1-18　「彼はいま中国です。」の文を説明してください。

問S1-19　「彼は肉は食べない。」という文の構造図を示してください。

問S1-20　「彼は運動しない。」という文の構造図を示してください。

問S1-21　動詞の否定と形容詞の否定の違いについて説明してください。

※問S1-22　「ある」の否定は「あらない」でなく「ない」である理由を説明できますか。

問S1-23　「牛肉，白菜を買う。」の構造を示してください。

問S1-24　「彼は火曜か水曜に来る。」の構造を示してください。

問S1-25　「海に山に行く。」の「海に」の「に」は格詞ですか，列挙詞ですか。

問S1-26　「あの日は地震と彼が来た。」という文はおかしいですか。

問S1-27　形容詞の拡大活用表を作ってみてください。

※問S1-28　断定基「である」の否定は，なぜ「であらない」でなく「でない」ですか。

問S1-29　断定基「である」のk⑥〜k⑧の例にはどんなものがありますか。

問S1-30　「彼は動いた。」という出来事を4種類で考えることはできますか。

問S1-31　「分かる・聞こえる・見える」の場合の4種類はどうでしょうか。

問S1-32　「飲める」をひらがなとローマ字で分析して，説明してください。

※問S1-33　「見る」を国語文法でどう分析しているか説明してください。

　問S1-34　「私は明日学校へ行く／昨日学校へ行った」はモデルでどう表しますか。

　問S1-35　「私は今会社にいる／今本を読んでいる」はモデルでどう表しますか。

　問S1-36　「私は今会社にいる／明日会社にいる」はモデルでどう表しますか。

　問S1-37　未来の「着ている」が表すのは「未来・進行中」だけですか。

※問S1-38　現在の「着ている」が表すのは「現在・進行中」だけですか。

　問S1-39　「始める」など補助的な動詞を使わないと示せない時相はありますか。

※問S1-40　開始から完了までかかる時間の長さの最小・最大の事象は何ですか。

　問S1-41　「富士山に登るグループが来た。」の時間関係を図示してください。

※問S1-42　「合格した受験生が入学する。」の時間関係を図示してください。

　問S1-43　「昨日買った本を読んでいる。」の時間関係を図示してください。

　問S1-44　「明日食べるお弁当はここにある。」の時間関係を図示してください。

※問S1-45　「9時に出たら，……。」の未来50，現在100，過去0，過去100の例は？

※問S1-46　「昨日行ったら彼に会えた。」の3つの可能性を説明してください。

※問S1-47　「雨が降ったら，中止する／涼しくなった。」の違いを説明してください。

## S2章　複主体・複主語

※問S2- 1　「彼は髪が伸びた／彼は口が重い／彼は歌が上手だ」を説明してください。

　問S2- 2　「メロンは甘い／メロンは喜ぶ」の構造上の違いを説明してください。

※問S2- 3　「田中さんは疲れる。」という文の二義性を説明できますか。

　問S2- 4　「私はこの映画がおもしろい／この映画はおもしろい」の違いは何ですか。

　問S2- 5　「鈴木さんが見えた。」の2つの意味について説明してください。

※問S2- 6　「英語が読める。」の文で「英語」が主語になる理由を説明してください。

　問S2- 7　「彼は子どもがある」は可。「彼は子どもが持っている」はなぜ不可？

※問S2- 8　「彼はタクシーを呼んである」の「を」はなぜ「が」に換えられるのですか。

※問S2- 9　「りんごを5個買う」のように「バスで3台行く」と言えないのはなぜ？

## S3章　態

※問S3- 1　「立てる／休める」は，なぜ他動のほかに可能(t③)にもなるのですか。

　問S3- 2　「育てる／歪める」は，なぜ他動だけで，可能にならないのですか。

　問S3- 3　何を「並べ」，何を「並ばせ」ますか。

　問S3- 4　「この本は売れる」の自然生起と可能の場合について説明できますか。

※問S3- 5　「彼には手が焼ける」「彼は気が置けない」の構造を示せますか。

　問S3- 6　「英語を／が話せる」ではなぜ「を／が」の両方が可能なのですか。

※問S3- 7　「大学を受ける」「大学に受かる」の uk- は同じ意味ですか。

※問S3- 8　「続ける／煮える／歩ける／漏れる」の中の -e- の違いは何ですか。

　問S3- 9　「祖父は孫に昔話を聞かせた。」の文の構造を示せますか。

※問S3-10 「由紀ちゃんはお人形を座らせた。」は使役の文といえますか。

問S3-11 「彼は仕事を済ませた。」の文の構造を示せますか。

※問S3-12 「母親は息子<u>に</u>／<u>を</u>買い物に行かせた。」の違いは何ですか。

問S3-13 「母親は子どもに水を飲ませた。」のt⑤aとt⑥aの違いは何ですか。

問S3-14 「彼は友人を庭に入らせた。」のt⑤bとt⑥bの違いは何ですか。

※問S3-15 「車を走らせた／彼を走らせた。」の違いは何ですか。

問S3-16 「彼は耳を／が動かせる」はどのように異なりますか。

問S3-17 「彼を待たせる」は可能の意味になるときがありますか。

※問S3-18 「彼は彼女を笑わせた。」にはどのような笑わせ方がありますか。

問S3-19 「彼は彼女を怒らせた。」をt⑦aとt⑦bで説明できますか。

※問S3-20 「彼は息子に酒を飲ませた。」をt⑤,t⑥,t⑦,t⑧で説明できますか。

問S3-21 「飲ませ(た)／飲まさせ(た)／飲ませさせ(た)」を説明してください。

問S3-22 「我々は今回は対戦チームに<u>勝たせ</u>たが……」を説明してください。

※問S3-23 「寒気が滝を<u>凍らせた</u>。」を説明してください。

問S3-24 「あす，<u>休ませ</u>てください。」の構造を示してください。

問S3-25 「A社は外注業者に顧客データを<u>流出させた</u>。」を説明してください。

※問S3-26 なぜ「塀が作られ(た)」より「塀<u>を</u>作られ(た)」の方が迷惑なのですか。

問S3-27 「結論が急がれる／待たれる。」はどう説明しますか。

問S3-28 「彼の優秀さが認められる。」を受影と自発と可能で説明できますか。

問S3-29 「彼に納豆を食べられる」が「可能」でない理由を説明してください。

※問S3-30 「ござる gozar-」はなぜ尊敬動詞に入らないのか説明してください。


## あとがきの問題

・以下の問いは，『日本語のしくみ(1)』の「あとがき」にあるものです。

・解答例はありませんが，各問いの後に示されている箇所を読めば分かります。


1 格と格詞の違いは何ですか。 S1.1

2 主格には3種類あるのですか。 S1.3

3 「は」は格詞ではないのですか。 S1.4

4 「は」が付くと消える格詞はありますか。 S1.4

5 ゼロ主語，ハ主語，ガ主語はどのように異なりますか。 S1.5

6 「の」は格詞ですか。 S1.6

7 「だ」と「です」は元来この形でしたか。なぜ「です」の方が丁寧なのですか。 S1.7

8 「傘を<u>さし</u>ている」の「て」はどんな意味ですか。 S1.9

9 「ぼくは<u>高校生</u>だ」「ぼくは<u>うなぎ</u>だ」の違いは何ですか。 S1.10

10 「ある」の否定形は「あらない」なのに，なぜこれを使わないのですか。 S1.11

11 「<u>彼と牛丼</u>を食べた」は言えるのに「<u>牛丼と彼</u>を食べた」が言えない理由は。 S1.12

12 動詞「たべる」の語幹は「た」ですか，tabe- ですか。国語学では「た」ですが。 S1.13

13 「父は学生時代を東京で過ごし<u>ている</u>」の「ている」は過去の進行形ですか。 S1.16

14 「電車に<u>乗る</u>人は切符を買った」の「乗る」は過去を表していますか。 S1.16

15 「彼女がい<u>たら</u>，……」という表現の表す12種類の状況を言えますか。 S1.17

16 「象は鼻が長い」はどんな複主体(二重主語)ですか。 S2.1hs①

17 「こたつは眠くなる」はどんな複主体(二重主語)ですか。 S2.1hs①

18 「私は暗闇がこわい」はどんな複主体(二重主語)ですか。 S1.2hs②

19 「鳥は空が飛べる」はどんな複主体(二重主語)ですか。 S1.2hs③

20 「来週はパーティーがある」はどんな複主体(二重主語)ですか。 S1.2hs④

21 「私は彼に連絡がしてある」はどんな複主体(二重主語)ですか。 S1.2hs⑤

22 「木が10本倒れた」はどんな複主体(二重主語)ですか。 S1.2hs⑥

23 -e-, -(s)as-, -(r)ar- というのはどんな態ですか。 S3.1

24 -(s)as-e-, -(r)ar-e- というのはどんな基ですか。 S3.1

25 -e- が「他動」「自然生起」「可能」「態補強」を表すことを説明できますか。 S3.2

26 -(s)as-/-(s)as-e- は「直接他動」「指示他動」「結果招来」「不阻止」を表しますか。 S3.3

27 -(s)as-e- は「可能」を表すこともあるのですか。 S3.3

28 「サ入れ」現象について説明してください。 S3.3

29 -(r)ar-e- は「受影」「自発」「可能」「尊敬」を表しますか。-(r)ar- も同じですか。 S3.4

30 「ラ抜き」現象について説明してください。 S3.4

31 古語にあった態詞 -ur- は現代語ではどの態詞になっていますか。 Sコラム1

32 古語の動詞はどのようにして数を増やしましたか。 Sコラム2

33 「日本語構造伝達文法」の立体モデルはどのようにして生まれましたか。Sコラム3

## 「だ」と「です」…… なぜ「です」の方が丁寧？

問S1-15　「だ」と「です」が省略形であることの説明ができますか。
問S1-16　「です」が「だ」より丁寧である理由は説明できますか。

「だ」は「である」と同じ構造です（下左図の上下2図参照）。
「です」は「であります」と同じ構造です（下右図の上下2図参照）。

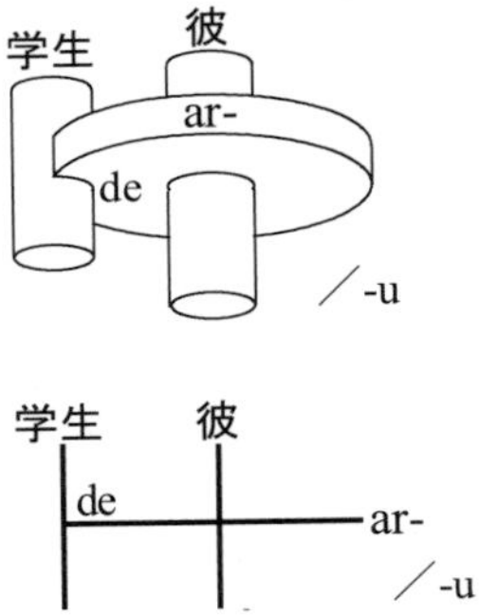

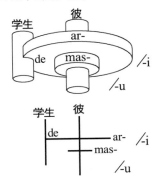

図S1-46　学生-de=ar-u

学生-d =a

図S1-47　学生-de=ar-i=mas-u

学生-de=　　　s-u

「学生だ」は「学生である」という構造を描写するときに省略を行ったものです。

　　　学生-de=ar-u　　　　学生である　　　（図S1-46）
　　　学生-d =a-Øu　　　　学生だ

「学生です」は「学生であります」という構造を描写するときに省略を行ったものです。この省略の歴史的経過を示しておきます。

　　　学生-de=ar-i=mas-u　　学生であります　　（図S1-47）
　　　学生-de=ar-i=m s-u　　学生でありんす
　　　学生-de=a　n s-u　　　学生であ　んす
　　　学生-de=　e s-u　　　学生で　ー　す
　　　学生-de=　　s-u　　　学生で　　　す

　上の問い（問S1-16）にはこう答えます。……「です」の中には丁寧の要素「す」がありますが，「だ」の中には丁寧の要素はありません。このため，「です」のほうが「だ」より丁寧なのです。

　ところで，「です」は，さらに省略が進んでいます。「学生っす」と聞くことはありませんか。もしかすると，「す」も省略されるようになるかもしれません。そうなれば，ロシア語のように，「私は学生＝」とだけ言えばよいことになります。

# 『日本語のしくみ(2)』から

## - T -

- ・『日本語のしくみ(2)』に載せてある問いをここに集めました。
- ・解答は，『日本語のしくみ(2)』の「解答例」を見てください。
- ・※印の付いているものは，特に興味深いものです。


## T1章　時と局面

※問T1- 1　時の移りを表すための右向きの矢印と左向きの矢印の違いは何ですか。

　問T1- 2　「きのう映画を見た」の時間関係を図示してください。

　問T1- 3　日本語の動詞は「存在の形」でしか「現在」を表現できないのですか。

　問T1- 4　-i=te-Ø=i-ru，-i-t-Ø=a-Ø，-Ø=t-Ø=a-Ø　などのØは何を意味していますか。

※問T1- 5　「ている」が使えるのはいつからいつまでですか。

※問T1- 6　「ている」は「進行中」を表す，と言ってよいでしょうか。

　問T1- 7　「落ちている」はふつう局面②ではなく④を表すのはなぜですか。

　問T1- 8　過去のことなのに「父は当時ロシア語を勉強している。」と言うのはなぜ。

※問T1- 9　事象にいくつ「局面」があるか，「店を開ける」で説明してください。

　問T1-10　「お酒飲んで(い)る」を局面②，局面④，局面⑥で表現してください。

※問T1-11　「この本読んだ？」に対する「うん，読んでる。」はどういう答えですか。

　問T1-12　「前を走っている車」と「前を走る車」が同じ意味のことはありますか。

　問T1-13　人間の認識できる最も長い事象と最も短い事象はどんな事象ですか。

　問T1-14　「事象」は「出来事」や「動作」と同じ意味でしょうか。

※問T1-15　事象「読む」の時間的長さについて説明してください。

　問T1-16　あなたは昨日いくつぐらいの事象と関わりましたか。

　問T1-17　日本語と英語の「現在・進行中」の表現の異同を説明してください。

　問T1-18　局面⑤の表現のしにくさについて説明してください。

　問T1-19　日本語の[未来・完了]と[過去・開始]は補助的な動詞が必要ですか。

※問T1-20　時間関係を2桁の数字で表示することにはどんな利点がありますか。

　問T1-21　[02]，[24]，[64]，[6◎]の例を考えてください。

　問T1-22　[33]はなぜ正確な現在ではなく直近過去になるのですか。

※問T1-23　「きのう会った人はタイ人だった／3人だった」の過去の種類の違いは？

　問T1-24　[22']，[22″]の例を考えてください。

　問T1-25　[06]と[26]と[46]と[66″]の違いについて説明してください。

※問T1-26　「おとといは着物を着ていた」はどのような2桁数字になりますか。

　問T1-27　「富士山が見えた。」の「た」の開始と完了の場合を説明してください。

※問T1-28　「資料が読んである」と言えますか。なぜ「資料」が主語になるのですか。

※問T1-29　友人があるビデオを見ているとき，「あ，見たね。」と言えますか。

　問T1-30　「あ，森さんはここにいる／いた。」の違いを説明してください。

　問T1-31　「明日は祭日だった。」の「た」を説明してください。

※問T1-32　「あ，バスが来た。」「この試合は勝った！」を説明してください。

※問T1-33 「鍵を掛け<u>た</u>けど，掛からなかった。」を説明してください。

問T1-34 「明日電車に乗らない。」を図示してください。

問T1-35 「お昼食べましたか。」に対する否定の返答について説明してください。

問T1-36 「今から2時間後には白衣を<u>着</u>た人と歩いている。」を図示してください。

問T1-37 「ちょっと待っ<u>た</u>」「ちょっと待っ<u>て</u>」について説明してください。

問T1-38 「その日は海岸にいた。人だかりが<u>ある</u>。皆<u>笑っている</u>。」はどの現在？

※問T1-39 「『今5人<u>も</u>待っていますよ。』私はせかされた。」はどの現在？

問T1-40 「私はいま未来の公園に<u>います</u>。皆セグウェイに乗っ<u>ています</u>。」は？

問T1-41 「お金！」のような名詞の一語文といわれる文の名詞は「語」ですか。

問T1-42 「です」は詞ですか，語ですか，何ですか。


## T2章　事象と局面指示

問T2- 1 「泳ぐ」の要素を分析してください。

※問T2- 2 「手術をする」の医師と患者の立場での要素を分析してください。

※問T2- 3 「いる／ある」をテイルの形にしないのはなぜですか。

問T2- 4 「踊る／泣く／開ける／5時を過ぎる」は事象1〜5のどれですか。

問T2- 5 「話す」は事象3のほかにもありますか。

問T2- 6 「たたく」の事象4と5の違いは何？　「たたいている」の事象はどちら？

問T2- 7 「知っている」はふつう，どの事象の，どの局面と考えられますか。

問T2- 8 「車を運転する」はどの事象と考えられますか。

問T2- 9 「最近よくウグイスが鳴いている」を図示してください。

※問T2-10 「きのうは／当時は図書館に行っていた」の違いを図示してください。

※問T2-11 局面②の「売っている」の構成要素について述べてください。

問T2-12 「去年は3回彼に会っている」を図示してください。

※問T2-13 「読み始めている／終えている／続けている」を図示してください。

※問T2-14 「これから(も)中国語を勉強していく」の「も」のあるなしの違いは何？

問T2-15 「レポートを書き終えて，コーヒーを飲む」を図示してください。

※問T2-16 「てくる」はなぜ「継続」と「開始」を表すのか説明してください。

問T2-17 「彼らはAに従ってきたが，それ以後はBに従っていった。」の図示は？

※問T2-18 「てしまう」の補足する気持ちの例を挙げてください。

問T2-19 「帽子をかぶっている人」「帽子をかぶった人」は同じ意味になりますか。

問T2-20 「してある」の動詞は他動詞が多いですが，自動詞でも可能ですか。


## T3章　絶対時と相対時

問T3- 1 「電車に乗った人は切符を買った」が電車内で買った意味になるのはなぜ

※問T3- 2 「電車に乗った人は切符を買った」は乗る前に買った意味にもなりますか。

※問T3- 3 絶対時表示か相対時表示かが問題になるのは，従属節ですか主文ですか。

問T3- 4 「絶対時a」と「絶対時b」の違いは何ですか。

　　問T3- 5 図T3-12に3つの「登」がありますが，違いを1つずつ説明してください。

　　問T3- 6 「彼の作った牛丼を食べている。」を図示してください。

※問T3- 7 「列に並んだ人に整理券を渡します。」を図示してください。

　　問T3- 8 「電車に乗る人が切符を買う。」を図示してください。

※問T3- 9 「走っている選手に声援を送った。」を図示してください。

　　問T3-10 「走っていた選手に声援を送った。」を図示してください。

　　問T3-11 「あの飛んでいるドローンは彼が操縦している。」を図示してください。

　　問T3-12 「車を運転する人にこの地図を渡す。」を図示してください。

　　問T3-13 「彼が歌うまえに私が話している。」を図示してください。

※問T3-14 「彼が歌ったまえに私が話した。」という言い方について説明してください。

　　問T3-15 「雨が降るまえに家に着いた。」を図示してください。

　　問T3-16 「彼が歌ったあとで私が話した。」を図示してください。

　　問T3-17 (難)「彼が歌うあとで私が話した。」について説明できますか。

※問T3-18 「彼が歌ったあとで／に私が話した。」の「で／に」の違いは？

※問T3-19 「従属節がル，主文がルのとき，従属節は絶対テンス」の説は正しい？

※問T3-20 「次の映画を見るときには感想文を書きます。」を図示してください。

　　問T3-21 「庭掃除をしおわったときに，雨が降りだした。」を図示してください。

※問T3-22 「北欧旅行をしたときに，この本を買った。」を図示してください。

　　問T3-23 「その事故で助かった人はここで水を飲んだ。」を図示してください。

※問T3-24 「その事故で死んだ人はここで水を飲んだ。」を図示してください。

　　問T3-25 「このビールはこんどサッカーを見たときに飲みます。」の図示。

## T4章　4種類の時間表現

　　問T4- 1 「来年の9月までには富士山に登っている。」の時間図を示してください。

　　問T4- 2 「私は来年富士山に登る。」の時間図を示してください。

　　問T4- 3 「彼が見た映画はシン・ゴジラだった。」の時間図を示してください。

※問T4- 4 「おとといは1時から会議をしている。」で「していた」でない理由は。

　　問T4- 5 「若いときの彼は本当にやせているね。」で「やせていた」でない理由は？

※問T4- 6 「前を走る車に犬が乗っていた。」の「走る」を説明してください。

※問T4- 7 「彼は1989年のマラソン大会で優勝します。」の「優勝します」の説明は。

※問T4- 8 「タクシー運転手に暴行したとして，警視庁が男Aを現行犯逮捕していた
　　　　　 ことが同庁への取材でわかった。」の時間図を示してください。

## T5章　時間の否定

※問T5-1 「私は2時から5時まで家にいません。」を時間と空間で図示してください。

※問T5-2 「私は明日走りません。」を時間図と2桁数字で示してください。

問T5-3 「『雪国』は読んでいない。」の局面②④⑥の意味を説明してください。
※問T5-4 質問に答える場合はなぜ過去でも「飲みません」と言えるのでしょうか。
問T5-5 「宿題やった？」「やらなかった。」「やってない。」を説明してください。
問T5-6 否定にも4種類の時間表現を当てはめて考えることができるでしょうか。
問T5-7 「5たす3イコール8。」「5たす3イコール8である。」を説明してください。
※問T5-8 「田中さんは男です。」の文を否定してください。それはうそですか。

## あとがきの問題

・以下の問いは，『日本語のしくみ(2)』の「あとがき」にあるものです。
・解答例はありませんが，各問いの後に示されている箇所を読めば分かります。

1 「時(テンス)」とは何ですか。どのようにモデル化しますか。 T1.1
2 「局面」とは何ですか。いくつあり，どのようにモデル化しますか。 T1.2
3 「アスペクト」は「局面」の意味も，「局面指示体系」の意味もありますか。 T1.2
4 「事象」とは何でしょうか。どうモデル化しますか。 T1.2
5 「時」と「局面」を組み合わせて図にしたものを何図といいますか。 T1.3
6 「時」と「局面」の組合せを2桁数で示せますか。[42]とは何ですか。 T1.4
7 「着ている」という表現は何とおりぐらいの時間的状況で使われますか。 T1.4
8 「てある／た」と「ている」はどのような時間的関係にありますか。 T1.5
9 「た」とは何ですか。いくつぐらいのことを説明すればよいですか。 T1.5
10 「た」の省略して形成されるまえの形の一覧表を作れますか。 T1.5
11 「事象」は構成で整理すると，何種類ぐらいになり，何に役立ちますか。 T2.1
12 「事象1」から「事象6」までのそれぞれの特徴を説明できますか。 T2.2
13 局面表示を補助する動詞の「て」の有無の違いは？(「見始める／見ている」) T2.3
14 「絶対時表示」と「相対時表示」の違いは何ですか。図示できますか。 T3.1
15 相対時表示ではなぜ「過去・現在・未来」の用語を使わないのですか。 T3.2
16 従属節にも絶対時表示はありますか。 T3.2
17 「彼の描いた絵を見る。」が相対時表現のとき，絵はもう描いてありますか。 T3.3
18 「彼の描いた絵を見る。」が絶対時表現のとき，絵はもう描いてありますか。 T3.4
19 17番と18番は「絶対・相対時相表」(Tpp.54-55)の中のどれに当たりますか。 T3.5
20 「まえ(に)／あと(で)」と比べると，「とき(に)」にはどんな特徴がありますか。 T3.6
21 「掃除した部屋はゴミだらけだった。」の文に2とおりの解釈があるのはなぜ。 T3.7
22 時間表現の4種類について簡潔に説明してください。 T4.1
23 「寝る子は育つ」はどの時間表現でしょうか。 T4.1
24 「この子はきっと丈夫に育つ」はどの時間表現でしょうか。 T4.1
25 「彼の子はいま丈夫に育っている」はどの時間表現でしょうか。 T4.1
26 「丈夫に育っている子にも悩みはある」はどの時間表現でしょうか。 T4.1

27 時間関係のある3つ以上の事象を含む文や文章の例を挙げてください。　T4.2

28 27番の例を多数分析して，時間表現研究をさらに進めることができますか。T4.2

29 「否定」は時間と空間がカラであることの認識，とはどういうことですか。　T5.1

30 肯定の例を空間図と時間図と2桁数と構造図で示せますか。　T5.1〜.3，答T5-8

31 否定の例を空間図と時間図と2桁数と構造図で示せますか。　T5.1〜.3，答T5-8

32 「話しません」「話さない」が過去を表すこともあるのはなぜですか。　T5.4

33 「否定」と「うそ」は同じことですか。コラムT5，答T5-8

34 あなたの知っている外国語の時間表現と比べて，日本語の特徴は何でしょうか。

---

**コラムX2**

### 「走っている選手」は「走っていた選手」と同じ？

　問T3- 9 「走っている選手に声援を送った。」を図示してください。

　問T3-10 「走っていた選手に声援を送った。」を図示してください。

　両方とも同じ事象を表現しているようです。ただし，下の問い（問T3-10）の文は，いまはもう走っていない選手に声援を送った，という解釈も成り立ちます。

　さて，いま，2つの文が同じ事象を表現しているとします。すると，「走っている」と「走っていた」は同じことになるようです。これはどういうことでしょうか。

　確かに，事象は同じです。下の図を見てください。左図は相対時表現，右図は絶対時表現になっています。日本語には，このように，ひとつの同じ事象を表すのに，2つの異なる描写方法があります。……相対時表現のほうは現代日本語特有の表現なので，外国語母語話者は慣れるのに時間がかかります。

　「走ってい」は，「てい」の部分で進行中の相を表していますから，図示では，進行中の部分に・の印を置きます。

　念を押しますが，「走ってい**ル**」は相対時表現で，「走ってい**タ**」は絶対時表現です。同一の事象を表現しています。

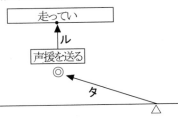

図コX2-1　走っている(選手)

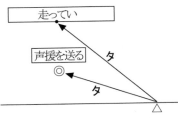

図コX2-1　走っていた(選手)

# 『日本語のしくみ(3)』から

## - U -

## U1章　形容詞の基本

※問U1- 1　この文法では「赤い」「赤く」をどう形態素表記(ローマ字表記)しますか。

　問U1- 2　「彼は元気である」と「彼は学生である」の異同について述べてください。

※問U1- 3　「咲きて」「焚(た)き松」「月立ち」の k を発音しないとどうなりますか。

※問U1- 4　「高き山」「高い山」の違いについて説明してください。

※問U1- 5　「若い」を過去や,丁寧(「です」)の形にすると,構造はどうなりますか。

　問U1- 6　「ない」「恋しい」の古語と現代語の違いは何ですか。(Up.6の表参照)

　問U1- 7　「シク活用」の「語幹の扱いを正す」とはどういうことですか。

## U2章　形容詞の構造10種類

※問U2- 1　悲しい,めぼしい,おとなしい,いやらしい,いきぐるしい,やかましい,ほほえましい,すばらしい,の「し」の違いは何ですか。

※問U2- 2　重い,赤い,うっとうしい,あっけない,ここちよい,さりげない,ありがたい,たまらない,みっともない,の「い(.k-)」の違いは何ですか。

※問U2- 3　「こむずかしい」の「こ」について説明してください。

　問U2- 4　「どぎつい」「どす黒い」について説明してください。

※問U2- 5　「ま新しい」と言えますが,「ま厚い」とは言えません。なぜですか。

　問U2- 6　「めんどい」「かどかどしい」の構成について説明してください。

　問U2- 7　「長たらしい」の構成について説明してください。

※問U2- 8　「はかない」「せつない」の「ない」の違いについて説明してください。

※問U2- 9　「めでたい」「ありがたい」の「たい」の異同を説明してください。

※問U2-10　「とんでもない」「しょうがない」の構造上の違いは何ですか。

※問U2-11　「目新しい」「目ざとい」の構造上の違いは何ですか。

※問U2-12　「水が／を飲みたい」で,なぜ「水が」でも「水を」でも言えるのですか。

　問U2-13　「その話は聞き苦しい」の構造はどうなっていますか。

　問U2-14　「甘たる.k-」はどんな構造をしていますか。

※問U2-15　「疑わしい」「輝かしい」の主体と元の動詞の意味の関係の説明。

※問U2-16　①「琴の狂おしい音色」,②「彼の狂おしい情熱」についての説明。

　問U2-17　「おもろい」はどう考えればよいですか。

　問U2-18　「しんどい(正直しんどい)」「エモい(emotion)」はどう説明しますか。

　問U2-19　形容実詞「っぽ」の小円筒,中円筒,大円筒での例を考えてください。

　問U2-20　「まっ白い」「まっ白な」の「ま(っ)」は同じものと考えてよいでしょうか。

　問U2-21　小円筒「彼は学生らしい」,大円筒「彼は学生らしい」の否定の違いは?

## U3章　形容詞の使い方6とおり

※問U3- 1　形容詞と動詞の否定の違いは何ですか。

　問U3- 2　「それは珍しくない」「それは珍しく(今日は)ない」の構造の違いの説明。

※問U3- 3　「白い紙で鶴を折る」の構造を示してください。

　問U3- 4　「物語は悲しすぎる。」の構造を図示してください。

　問U3- 5　「<シン・ゴジラ>はおもしろいので，彼に薦める。」の構造の図示。

　問U3- 6　「朝早く起きる。」の構造を図示してください。

※問U3- 7　「永の別れ」の「の」は構造のどこにありますか。

※問U3- 8　「美しの森」，「美し森」(名称)の構造を図示してください。

　問U3- 9　「話のおもしろい叔父」「叔父のおもしろい話」の構造を図示してください。

※問U3-10　「おもしろい叔父の話」の異なる構造を3つ示してください。

※問U3-11　「長電話をやめる。」の構造を図示してください。

　問U3-12　「うれし涙を流す。」の構造を図示してください。

※問U3-13　「眠気に襲われる。」の構造を図示してください。

　問U3-14　「事実を明るみに出す。」の構造を図示してください。

　問U3-15　「彼は気まずそうだ。」の構造を図示してください。

※問U3-16　「彼に力強さを感じる。」の構造を図示してください。

　問U3-17　「彼女の歌のうまさには定評がある。」の構造を図示してください。

　問U3-18　「早起きは体に良い。」の構造を図示してください。

　問U3-19　「歌を遅聴きモードで聞く。」の構造を図示してください。

※問U3-20　「これ，うま！」の構造を図示してください。

　問U3-21　「水が／を飲みたい」「水を飲みたがる」の違いを構造図示してください。

## U4章　形容詞の複主語5種類

※問U4- 1　形容詞を単主語と複主語で使用する例を挙げてください。

※問U4- 2　「広い」の必要要素と意味は何ですか。適合主語の例も挙げてください。

※問U4- 3　「このコースは長い。」という文が正常なのはなぜですか。

　問U4- 4　「彼は話がうまい。」という文が正常なのはなぜですか。

　問U4- 5　ふつう「電力が楽しい」「地軸が安い」と言わないのはなぜですか。

※問U4- 6　「象は鼻が長い」の「象」と「鼻」は主語ですか。相互の関係は。

※問U4- 7　「この象は窓がかわいい」の意味が分かる場合と分からない場合の説明。

　問U4- 8　「その箱は蓋が赤い。」という文の「蓋が」は省略できますか。その理由も。

　問U4- 9　「このデフレは(継続時間が)長い」の(　)内を言わなくてもよいのはなぜ。

※問U4-10　「富士山は高い」「富士山ツアーは高い」の「高い」の違いの説明。

※問U4-11　「日本は広い」と「日本は多い」で，前者の方が分かりやすいのはなぜ。

　問U4-12　「紙は細工がやさしい」の「紙」と「細工」は主語ですか。相互の関係は。

　問U4-13　「この曲は懐かしい。」という文はなぜ二重主体の構造を持つのですか。

※問U4-14 「すいかは夏がおいしい。」の文で，なぜ「夏」は「が」をとるのですか。
　問U4-15 「息子は法律が明るい。」の文で，なぜ「法律」は「が」をとるのですか。
※問U4-16 「数学に弱い」「恋人に弱い」のつもりで「数学が弱い」「恋人が弱い」は可能?
※問U4-17 「社員は5人が忙しい。」の構造を図示してください。
　問U4-18 「社員は5日が忙しい。」の構造は問U4-17の構造とどう異なりますか。
　問U4-19 「私は選手3人が誇らしい。」の構造を図示してください。
　問U4-20 「彼の3人の娘は美しいらしい。」の構造を図示してください。

## U5章　形容詞による名詞修飾
※問U5- 1 複主体形容詞でも，属性主体に対しては単主体形容詞ですか。
※問U5- 2 「彼女は作法にうるさい」という構造において名詞修飾をしてください。
　問U5- 3 「特急は準急より速い」という構造において名詞修飾をしてください。
　問U5- 4 「私は恩師が懐かしい」という構造において名詞修飾をしてください。
※問U5- 5 「大きい台風」とは言えるのに，「多い台風」と言えないのはなぜですか。

## U6章　形容詞の否定構造
　問U6- 1 「それはもろくない」「それはもろく，今はない」の「ない」の違いは？
　問U6- 2 「高くない」と「読まない」に「は」を入れてください。「も」も。
　問U6- 3 形容詞と否定詞の「ない」を表にして示してください。
※問U6- 4 「これはおいしくなくはない」「お金はなくはない」の構造上の異同は？
　問U6- 5 動詞「ある」の否定はなぜ「あらない」でなく，形容詞の「ない」なのですか。
　問U6- 6 「人気がないことはない」の2つの意味について説明してください。
※問U6- 7 「いない人はいない」の2つの意味を説明してください。

## U7章　形容詞の時間表現
※問U7- 1 形容詞に時表現はありますか。相表現はありますか。
　問U7- 2 形容詞が事象・質を表す2種類の場合の時間関係表現を例で示して。
　問U7- 3 「当日は前日忙しかった人が3人いた。」は表U7-6のどれにあたりますか。
　問U7- 4 「きのう忙しかった人はあす帰る。」は表U7-6のどれにあたりますか。
　問U7- 5 「あす忙しい人はあさって休む。」は表U7-6のどれにあたりますか。
※問U7- 6 「あす忙しかった人はあさって休む。」は表U7-6のどれにあたりますか。
　問U7- 7 「あさって忙しい人はあす休む。」は表U7-6のどれにあたりますか。
※問U7- 8 「おもしろい／おもしろかった映画を見た。」のどちらも言えますか。
　問U7- 9 「若い田中さんはそれに気づかなかった。」の「若い」を説明してください。
　問U7-10 上の「若い」を「若かった」にすることはできますか。
※問U7-11 「その日は激しかった雨が降った。」はなぜ不自然なのですか。
　問U7-12 Up.85の5例のうち，絶対時表現にすると変化するものはどれですか。

問U7-13　Up.85の5例を，事象としてではなく，質として表現してください。
※問U7-14　「激しかった雨がやんだ」という表現は自然ですか。説明してください。

## あとがきの問題

・以下の問いは，『日本語のしくみ(3)』の「あとがき」にあるものです。
・解答例はありませんが，各問いの後に示されている箇所を読めば分かります。

1　「い形容詞」と「な形容詞」の構造的な違いは何ですか。　U1.1
2　k を発音しないということは舌をどうすることですか。　U1.1
3　「形容基」は「形容詞」とどう異なり，どんなときに使用しますか。　U1.2
4　「ク活用」と「シク活用」は1つだけ何が異なりますか。それをどう考えますか。U1.3
5　「カリ活用」とは何ですか。　U1.3
6　「感情形容詞」と「属性形容詞」の違いは何ですか。　コラムU1
7　形容詞を構造の特徴で10種類に分類して，それぞれの例を示してください。U2章
8　動詞の原因態が入っている形容詞を説明してください。　U2(8)
9　まだ構造の分からない形容詞もありますか。　U2(10)
10　形容詞を6とおりで使用しますが，それはどんな使用法ですか。　U3章
11　「早い haya.k-i」の -i にはどんな機能がありますか。　U3(1)(3b)
12　「早く haya.k-u」の -u にはどんな機能がありますか。　U3(2a)(3a)(3c)
13　「うるわしの姫君」の「の」について説明してください。　U3(4)
14　「はなたか(鼻高)」という語の構造について説明してください。　U3(5)
15　「これ，やっすー。もっと買っとこ。」の下線部を説明してください。　U3(6)
16　「彼はものすごい怖い人だ。」の下線部を説明してください。　コラムU4
17　形容詞の複主語(二重主語)にはどんな種類のものがありますか。　U4.1
18　形容詞の「必要要素」と「適合主語」，「非適合主語」を説明してください。　U4.2
19　「電動アシスト車はバッテリーが高い。」はどんな二重主語の文ですか。　U4.3(1)
20　「こたつは下半身が温かい。」はどんな二重主語の文ですか。　U4.3(2)
21　「ぼくは負けたことが悔しい。」はどんな二重主語の文ですか。　U4.3(3)
22　「この仕事は朝(/階段)がつらい。」はどんな二重主語の文ですか。　U4.3(4a)
23　「指は3本(が)長い。」はどんな二重主語の文ですか。　U4.3(5)
24　「彼は忙しい人です。」の構造を図示できますか。　U5.1(1)
25　「鼻が(/の)短い象がいる。」の構造を図示できますか。　U5.1(2)
26　「駅の近い家がいい。」で，「近い」に対する「駅」と「家」の格は何格ですか。　Up.58
27　「高くない」と「高くはない」の構造は何が異なりますか。　U6.1
28　「高くありません」と「高くございません」の構造は何が異なりますか。　U6.1
29　「ある」の否定形は「あらない」ではないのですか。　U6.3
30　「時間はないことはない。」というとき時間はあるのですか，ないのですか。　U6.4

31 動詞と形容詞の時間表現の異同について説明できますか。 U7.1

32 形容詞が質ではなく事象を表すこともあるのですか。 U7.2

33 日本語学習者の形容詞の時間表現で誤用が心配なのはどんな場合ですか。 Up.86

34「集合は私の家がありがたい。」をどう説明しますか。 コラムU6

---

コラムX3

### 「疑わしい」と「輝かしい」の違いは？

問U2-15 「疑わしい」「輝かしい」の**主体**と**元の動詞**の意味の関係の説明。

「疑わしい」の**主体**はたとえば「噂」です。

噂は疑わしい。

「疑わしい」の**元の動詞**は「疑う」で，これは「人」の行為です。この動詞 utagaw- に原因態詞 -as- が付いて，形容実詞

　utagaw;as-i=∅包

が生まれ，形容詞ができます。

　utagaw;as-i=∅包.k-

「噂」が怪しいので，それが原因となり，人が「噂」を疑うようになります。(右上図参照)

一方，「輝かしい」の**主体**はたとえば，「業績」です。

業績は輝かしい。

「輝かしい」の**元の動詞**は「輝く」(自動詞)で，これは「業績」の状態です。何かが原因となり業績を輝くようにしました。

　kagayak;as-i=∅包

　kagayak;as-i=∅包.k- （右図）

図で対比すれば，次の違いであることがよく分かります。

・「疑わしい」の主体は -as- の主体

・「輝かしい」の主体は元の動詞の主体

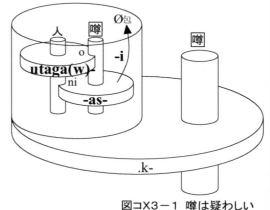

図コX3－1 噂は疑わしい

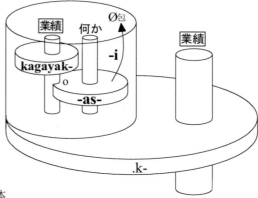

図コX3－2 業績は輝かしい

# 『日本語のしくみ(4)』から

## － V －

- 『日本語のしくみ(4)』に載せてある問いをここに集めました。
- 解答は，『日本語のしくみ(4)』の「解答例」を見てください。
- ※印の付いているものは，特に興味深いものです。

## V1章　テ形音便

- ※問V1- 1　日本語の動詞(の語幹)はどのような音で終わっていますか。
- ※問V1- 2　日本語の音便現象は，いつごろ，なぜ始まりましたか。
-   問V1- 3　テ形音便とはどのような現象ですか。
- ※問V1- 4　テ形音便の原則とは何でしょうか。テ形音便で発音は楽になりますか。
- ※問V1- 5　「呼気」と「吸気」の違いは何ですか。「声」と「息」の違いは何ですか。
-   問V1- 6　「とふ(問う)」のテ形はどうなっていますか。
-   問V1- 7　「あらふ(洗う)」の否定は，なぜ「あらはない」ではなく，「あらわない」？
- ※問V1- 8　鼻音は有声ですか。無声の鼻音はどのような音になりますか。
- ※問V1- 9　口音と鼻音の違いは何ですか。口腔図での違いはどこにありますか。
-   問V1-10　ガ行の口音と鼻音の違いは何ですか。
-   問V1-11　「貸して」は音便化しているのですか。
-   問V1-12　いくつかの母音末動詞でテ形音便形のないことを確認してください。
- ※問V1-13　「泳ぐ」のテ形は，なぜ「泳いで」のように t が d になるのですか。
- ※問V1-14　「書く」は「かいて」ですが，なぜ「行く」は「いいて」ではないのですか。
-   問V1-15　開始基〈-(i)=te-〉と完了基〈-(i)=t-∅=a(r)-〉の関係を説明してください。
-   問V1-16　「歌いたい」はなぜ「歌ったい」にならないのですか。
-   問V1-17　県名「鳥取」はなぜ「とっとり」と読むのですか。
-   問V1-18　「飲んで」「笑って」「おはよう」の音便の種類と様式を言ってください。
- ※問V1-19　「尊敬4動詞」とは何ですか。イマス音便について説明してください。
-   問V1-20　イマス音便とテ形音便の異同について説明してください。
- ※問V1-21　「計ります hakar-i=mas-u」はなぜ「計います」にならないのですか。
- ※問V1-22　「呼気」と「吸気」で「わたし」「げんき」「あっ」と言ってみてください。

## V2章　古語の時相－過去を中心に－

-   問V2- 1　「彼は椅子に座っている。」の時相をいってください。
- ※問V2- 2　「子どもが生まれたら，この名前にする。」の下線部の時域はどこ？
-   問V2- 3　「子どもが生まれて，名前を知らせてきた。」の下線部の時域はどこ？
- ※問V2- 4　「つ」「ぬ」はどの局面を，「り」「たり」はどの局面をさしますか。
-   問V2- 5　「散らしつ」と「散りぬ」の違いは何ですか。
-   問V2- 6　「散らせり」と「散らしたり」の違いは何ですか。
- ※問V2- 7　「読んだら分かる」の「ら」について説明してください。
-   問V2- 8　「咲けり」の「り」は，命令形の「咲け」に付いているのですか。

問V2- 9 「植ゑつる花」と「植ゑたる花」の違いは何ですか。

※問V2-10 「ありし人」「ありつる人」の違いを説明してください。

問V2-11 「てき」「にき」は何を表現しますか。

問V2-12 「祈りつ」「祈りてき」の違いを説明してください。

問V2-13 「もみち散りぬ」と「もみち散りけり」の違いを説明してください。

※問V2-14 「男ありき」と「男ありけり」の違いを説明してください。

問V2-15 「食ひてけり」はどんな気持ちを表していますか。

問V2-16 「(都のてぶり)わすらえにけり」はどんな気持ちを表していますか。

問V2-17 Vpp.34-35の表の,時相表現の大部分が現代語では「た」で表現されるようになりました。現代語の「た」との対応関係を示してください。

※問V2-18 国語文法では「読む」の仮定形は「読め」です。なぜこうなるのですか。

## V3章 動詞の態拡張

※問V3- 1 -e- による ①他動, ②自然生起, ③可能, ④自他補強の違いは何ですか。

問V3- 2 なぜ「原因態」を「使役態」と,「受影態」を「受動態」といわないのですか。

※問V3- 3 「対他許容」と「対自許容」の構造を示してください。

問V3- 4 k⑩とk⑪の主体(主語)が変化するとはどういうこと? k⑫の場合は?

※問V3- 5 本文法で「未然形」や「仮定形」がないと考えるのはなぜですか。

※問V3- 6 可能の-e-は子音末動詞に直接付き,母音末動詞にそうでないのはなぜ?

※問V3- 7 「破れる」の2つの表示法, yabur;e-ru と yabur-e-ru の違いは何ですか。

問V3- 8 原動詞の「立つ」はいつ現代語の「建てる」になりましたか (Vp.54)。

※問V3- 9 yom-ur- の -ur- は,国語文法に認識がありますか。

問V3-10 Vp.46の図表で,奈良時代以降大きな変化があったのはどの時代ですか。

※問V3-11 現代語の「開ける」は奈良時代にいくつの動詞(語幹)の形がありましたか。

問V3-12 「抜く nuk-」という原動詞は,上のどの方式で態拡張していますか。

問V3-13 方式[2]と方式[3]の e の場合は同じようですが,何が違うのですか。

問V3-14 方式[6]と方式[9]は同じようですが,何が違うのですか。

問V3-15 方式[7]と方式[10]は同じようですが,何が違うのですか

※問V3-16 現代語の已然形はないのですか。仮定形になったのではないですか。

問V3-17 「開く ak-」は Z1 にもありますが,これはどういうことですか。

問V3-18 そのような動詞はほかにもありますか。

問V3-19 「出づ id-」はどのようにして現代語の「出る de-」になりましたか。

※問V3-20 「流るる水」と「流れる水」について説明してください。

問V3-21 #「含む」は現代語でも, hukum- と hukum;e- の使い方があります。

問V3-22 「ちょっと足らない／足りない」の下線部の違いを説明してください。

問V3-23 「生く」はZ2にもありますが,意味の違いはありますか。

※問V3-24 Vp.59の tod;i- は toz;i- に変化しました。これはどういうことですか。

問V3-25 「舞ふ」と「回る」は，どういう意味関係でしたか。

問V3-26 Vp.61上の「（善悪を）分く wak-」は，どういう意味でしたか。

問V3-27 Vp.61下の「掴む tukam-」は，なぜ特殊と思われるのですか。

問V3-28 「疲れる」という語の構造を示してください。

問V3-29 「呼ばれる」の受動の例と，T5の自動詞の例を示してください。

※問V3-30 「別れる」というとき，wak- の主体は何ですか。

問V3-31 「消ゆ kiy-」は「消やす kiy-as-」でなく，「消す kes-」なのはなぜですか。

問V3-32 T9 にも［他 as 他］がありますが，この T6 との違いは何ですか。

※問V3-33 「のぞかせる」の他動詞と原因基での使用例を示してください。

問V3-34 「持たせる」の他動詞と原因基での使用例を示してください。

問V3-35 「寝る」「寝せる」「寝させる」の構造と意味の違いを示してください。

※問V3-36 「着る」「着せる」「着させる」の構造と意味の違いを示してください。

問V3-37 Vp.71関連。「1人抜いて／抜かして数えた」の構造の違いは何ですか。

問V3-38 Vp.78の①②での，鎌倉時代と江戸時代での変化を説明してください。

問V3-39 四段活用が五段活用になったのは動詞(語幹)が変化したからですか。

問V3-40 「係り結び」といわれる現象のおかげで何が実現したのですか。

問V3-41 Vp.82に示された「変化」を簡単な表にすることができますか。

※問V3-42 「する」はなぜ変格活用なのですか。

問V3-43 「来る」はなぜ変格活用なのですか。

問V3-44 「死ぬ」はなぜ古語で変格活用，現代語で正格活用(五段活用)なのですか。

問V3-45 「あり」は古語でなぜ変格活用なのですか。

※問V3-46 「ある」の否定形「あらない」はなぜないのですか。

※問V3-47 「食べる」は古語には「飲む」の意味もありました。なぜですか。

問V3-48 現代語では終止形は「食べる」ですが，古語ではどうですか。

問V3-49 「作品に手を／手が触れる」では，なぜ「を／が」両方が可能なのですか。

※問V3-50 「言いふらす」の「ふらす」は，どういう意味ですか。

問V3-51 現代語では，「山が見える」と「目が見える」はどんな構造ですか。

※問V3-52 国語文法の「かな語幹」，たとえば「か」で，動詞が特定できますか。

※問V3-53 kas-, kat-, kari-, kare- などの語幹で動詞を特定できますか。

問V3-54 国語文法では，「飲む」の連用形の枠の中になぜ「ん」があるのですか。

問V3-55 五段活用動詞・連用形の枠内に2とおりの表示がない動詞は何ですか。

問V3-56 現代語の「取られる」は，奈良時代，室町時代にはどう言いましたか。

問V3-57 学校で助動詞「れる・られる」と習いますが，これは別のものですか。

問V3-58 国語文法では -ay;Ø-u のことをなぜ「ゆ」というのでしょうか。

問V3-59 動詞「いましめる」の中に -(a)sim;Ø- はありますか。

※問V3-60 「くるしめる」は「いましめる」の構造と同じですか。

# あとがきの問題

- ・以下の問いは，『日本語のしくみ(4)』の「あとがき」にあるものです。
- ・解答例はありませんが，各問いの後に示されている箇所を読めば分かります。

1 「勝つ」はテ形にすると，なぜ「勝て」ではなく「勝って」になるのですか。　Vp.5
2 「買う」はテ形にすると，なぜ「買うて」ではなく「買って」になるのですか。　Vp.6
3 「死ぬ」はテ形にすると，なぜ「死にて」ではなく「死んで」になるのですか。　Vp.8
4 「呼ぶ」はテ形にすると，なぜ「呼ぶって」ではなく「呼んで」になるのですか。　Vp.9
5 「咲く」はテ形にすると，なぜ「咲くて」ではなく「咲いて」になるのですか。　Vp.10
6 「脱ぐ」はテ形にすると，なぜ「脱いて」ではなく「脱いで」になるのですか。　Vp.11
7 「起きる」はテ形にすると，なぜ「起きって」ではなく「起きて」に？　Vp.13
8 「なさる」は「なさいます」になりますが，「ささる」もそうですか。なぜ？　Vp.18
9 [過去0/50/100]で「きのう雪が降ったら，……」の文を完成させてください。Vp.23
10 「小学生なら無料です。」の[現在0/50/100]の場合を説明してください。　Vp.23
11 「つ・ぬ・たり・り・き」を2つに分類してください。　V2.2
12 「てき・にき・けり・てけり・にけり」の構成を説明してください。　V2.2
13 古語の過去の表現は種類が多いのに，現代語ではなぜ「た」になるのですか。　V2.3
14 ひらがなで考察をしている国語学には，文法の把握に困難がありますか。　Vp.36
15 「原因態」の使役を表す用法について説明してください。　V3.1 [1]
16 「受影態」の受動を表す用法について説明してください。　V3.1 [1]
17 「許容態」の -ur- の形はほんとうにあったのですか。　V3.1 [3]
18 kudak;Ø-u と kudak;e-Øi の2つの Ø について説明してください。Vp.41
19 「あける」「おきる」の古語の連体形はなぜ「…くる」（「あくる」「おくる」）？　Vp.41
20 「裂ける sak;e-ru, sak-e-ru 」の記号「;」は何を表していますか。　Vp.44
21 「付く tuk-」→「付ける tuk;e-」だと，自動詞から他動詞になるのはなぜ？　Vp.54
22 「割る war-」→「割れる war;e-」だと，他動詞から自動詞になるのはなぜ？　Vp.55
23 「漏る mor-」→「漏れる mor;e-」だと，自動詞のままなのはなぜですか。　Vp.56
24 許容態 -e (-ur, -Ø) は，対自，対他のどちらで機能しますか。　V3.2
25 許容態 -i (-ur, -Ø) は，対自，対他のどちらで機能しますか。　V3.2
26 「縮む tidim-」→「縮まる tidim;ar-」だと，自動詞のままなのはなぜですか。　Vp.60
27 「始む hazim-」→「始まる hazim;ar-」だと,他動詞から自動詞になるのはなぜ？　Vp.61
28 「(その習慣は) すたれる」の構造を示してください。　Vp.63
29 「尽かす tuk-as-」と「尽くす tuk-us-」の異同について説明してください。　Vp.64
30 自動詞「泣く nak-」も他動詞「知る sir-」も-as-e-を付けるとなぜ他動詞に？　Vp.66
31 「剥ぐ hag-」も「剥がす hag;as-」も他動詞なのはなぜですか。　Vp.71
32 受影態-ar-はふつう自動詞を作ります。「授かる saduk;ar-」はなぜ他動詞も？　Vp.77
33 国語学での動詞語幹はなぜ動詞を特定できないのですか。　Vp.92
34 国語学の助動詞「せる・させる」「れる・られる」の形態素表示は？　Vpp.94-95

## 「子どもが生まれて」と「子どもが生まれたら」の違いは？

問V2- 2　「<u>子どもが生まれたら</u>，この名前にする。」の下線部の時域はどこ？

問V2- 3　「<u>子どもが生まれて</u>，名前を知らせてきた。」の下線部の時域はどこ？

「<u>子どもが生まれて</u>，名前を知らせてきた。」では，すでに子どもが生まれたようですから，「子どもが生まれた」は，**過去100%（確定過去）**のようです。

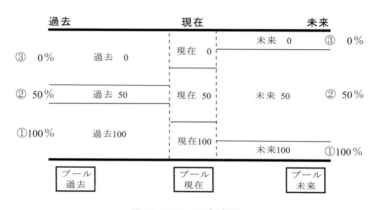

図S1-105　12時域図

「<u>子どもが生まれたら</u>，この名前にする。」の場合，3つの可能性があります。

**未来0%（非実現未来）**……「子どもが生まれる」ことは起こりえないことです。このとき，「子どもが生まれたら」と発言すれば，「起こりえないことがおこったら」ということになります。奇跡です。

**未来50%（不確定未来）**……「もしかしたら，子どもが生まれるかもしれない」状況です。このとき，「子どもが生まれたら」と発言すれば，「もし生まれたら」ということになります。

**未来100%（確定未来）**……「絶対に子どもが生まれる」と確信している状況です。このとき，「子どもが生まれたら」と発言すれば，「絶対生まれるが，生まれたときは」ということになります。

「子どもが生まれて」と「子どもが生まれたら」の，この場合の違いについては，こう言えます。前者は**「過去100」**で，後者は**「未来0」「未来50」「未来100」**のいずれかであろう，と。

# 『日本語のしくみ(5)』から

## − W −

- ・『日本語のしくみ(5)』にある問いをここに集めました。
- ・解答は，『日本語のしくみ(5)』の「解答例」を見てください。
- ・※印の付いているものは，特に興味深いものです。

## W1章　構造形成に働く5つの力
　問W1- 1　聞き手に構造を再現してもらえれば，伝達は完了したといえますか。
※問W1- 2　市販の百科事典と個人百科事典の大きな違いは何ですか。
　問W1- 3　「頭がいい」という表現が，褒め言葉にも皮肉にもなるのはなぜですか。

## W2章　格
※問W2- 1　本文法でいう「格」と，国語文法のいう「格」とは同じものですか。
　問W2- 2　構造を作る3要素とは，実体と属性と何ですか。その機能は何ですか。
※問W2- 3　構造において，実体が何の格にもないということはありますか。
　問W2- 4　他動詞があれば，必ず何がありますか。
　問W2- 5　主格と目的格は他の格に比べて何が違いますか。
※問W2- 6　「運転者（　）見た」の（　）の中に入る格詞は何ですか。
※問W2- 7　「捕まえた警官／男／学生」　各実詞の「捕まえる」に対する優先格は？
　問W2- 8　「夜道を歩く」の「夜道」は「歩く」の目的語ですか。
※問W2- 9　なぜ「同名格」が生じるのですか。
※問W2-10　「で格」の同名格はいくつぐらいありますか。

## W3章　格表示の歴史
※問W3- 1　目的格を表す格詞はもともと何でしたか。
　問W3- 2　「を」は元来目的格を表す格詞でしたか。
※問W3- 3　現代語で「を」は目的格を表すと言ってよいでしょうか。
　問W3- 4　Wp.27の図で○の中に入った「＋を」では何を言おうとしていますか。
※問W3- 5　歴史的に，「を」が主格を表しているようにみえたことがありますか。
　問W3- 6　主格を表す「が」はもともとあった格詞ですか。
　問W3- 7　「薬を飲む人」「空を泳ぐ鯉のぼり」の2つの「を」の違いは何ですか。
　問W3- 8　「彼に薬を飲ませる」「彼に薬を飲まされる」の「に」の違いは何ですか。
　問W3- 9　格詞としての「へ」のおおもとの意味は何でしたか。
※問W3-10　格詞としての「へ」が生まれたときの，「へ」と「に」の違いは何でしたか。
　問W3-11　「それはここへあります」と言わないのはなぜだと思いますか。
※問W3-12　「いい匂いがする」「今にして思えば」の動詞の意味は何ですか。
※問W3-13　なぜ「駅でいる」という表現はおかしいのですか。
　問W3-14　「に(して)」から格詞「で」が生まれました。「に」以外にも生まれましたか。
　問W3-15　「私の1は妻と病魔と戦う」「私と妻が病魔と戦う」の「と」は同じですか。

※問W3-16　「駅へと向かう」の表現にある，格詞の重複「へと」を説明してください。

※問W3-17　「(っ)つう(t)tu(w)-u」を新しい動詞とみることは可能ですか。

　問W3-18　「お茶を飲みながら話をする」の「ながら」について説明してください。

※問W3-19　「より格」には他の格と異なる性質があります。説明してください。

　問W3-20　「駅へ歩く」「駅まで歩く」の違いを説明してください。

　問W3-21　「彼が来るまで待つ」「彼が来るまでに電話がある」の違いは何？

　問W3-22　「準格詞」が「基」の形になっている，とはどういうことですか。

## W4章　「の」の拡張5段階

　問W4- 1　「我が国」「君が代」の構造を示してください。

※問W4- 2　「AのB」という形式の中にあるA，Bはどんな名詞ですか。

　問W4- 3　「彼の本」の「彼」はいくつぐらいの意味(あり方)がありますか。

※問W4- 4　「〈AのB〉とあったら，Aの格を考えよ。」　この理由が説明できますか。

　問W4- 5　「彼の出発」はどんな構造から出ていますか。

※問W4- 6　「パパの意地悪！」を説明してください。

　問W4- 7　「大忙しの母でした。」の構造を示してください。

　問W4- 8　「私の家」「電車の入口」「北国の便り」の構造を示してください。

　問W4- 9　「私の服／私の」（「の[2]」と「の[3]」）は，聞いて区別できますか。

　問W4-10　「これは私の服です。」(の[1])を構造で示してください。

　問W4-11　「これは 私の服／私の服／私の です。」(の[1]〜の[3])を構造で示して。

※問W4-12　「これは 私の本／私の本／私の です。」を英語でどう表現しますか。

※問W4-13　実体としての「の」を動詞で修飾してください。

　問W4-14　実体としての「の」を形容詞で修飾してください。

　問W4-15　実体としての「の」を「な基」で修飾してください。

※問W4-16　「話すのは彼だ」「話すのはやめる」の「の」の違いは何ですか。

　問W4-17　「あそこで休んだのがよかった。」の構造を示してください。

　問W4-18　「彼が1人で来る」を「の包含実体」に入れて，文を作ってください。

　問W4-19　「まえ」を包含実体とする文を作ってください。

※問W4-20　包含実体の「の」が，が格，で格，と格，より格に立つ例を考えて。

## W5章　「の」の9相

※問W5- 1　「健康を祈る」が「健康への祈り」になることを説明してください。

　問W5- 2　「大学に進学する」が「大学への進学」になることを説明してください。

※問W5- 3　「彼の無視」より「彼による無視」のほうが誤解がないのはなぜ？

　問W5- 4　「彼が彼女を説得する」を「〜による〜の説得」の形にしてください。

※問W5- 5　「のに」では，「に格」が逆接的な状況の気持ちを表していますか。

　問W5- 6　「試合するからには勝利をめざす。」の構造を示してください。

※問W5- 7　ある「の文」が，「原因」，「主張」，「実情」を表す例を考えてください。

※問W5- 8　「彼は子どもが優勝したんだ。」の構造を示してください。

　問W5- 9　「学生の福岡から来たの」「ジャズのにぎやかなの」の構造は？

　問W5-10　「いにしえを懐かしむの情，にわかに湧き起こりたり。」の構造は？

　問W5-11　「自由の女神」は，ふつうはWp.78のどの構造ですか。

※問W5-12　「静かな海」と「静かの海」は，同じことをいっていますか。

　問W5-13　現代語では a-no のほうが普通ですが古語的な ka-no もあります。例は？

※問W5-14　「r-母音-n」が「nn」になる例を挙げてください。

※問W5-15　「彼女が写真を撮った」と「写真を撮ったのは彼女だ」の構造は。

　問W5-16　「白い靴を買う」と「買うのは白い靴だ」の構造を示してください。

　問W5-17　「彼は3時に話す」「彼は3時まで話す」の「3時」を強調してください。

　問W5-18　「彼は明日友人と飲む」の「明日」「友人」をそれぞれ強調してください。

## W6章　実体の分類Ⅰ（形式）

　問W6- 1　「[1]普通実体」のA〜Fの実体とはどんなものですか。

　問W6- 2　実体[5]は「属性内蔵実体」で，実体[6]は「構造内蔵実体」です。違いは何？

　問W6- 3　「青」という実体は実体[1]の使い方と，実体[7]の使い方がありますか。

※問W6- 4　「ひらひらと散る」を説明してください。

※問W6- 5　「山が美しいので写真に撮った」の「山」の格を説明してください。

※問W6- 6　「奥さん元気？」「彼，奥さんいるの？　独身？」の「奥さん」の違いは？

　問W6- 7　「来週は中国へ出張です。」の「来週」はどの普通実体ですか。

　問W6- 8　「成人式に着たのは母のものです。」の「の」と「もの」の説明。

　問W6- 9　「この話は，あながち否定できる。」という文がおかしい理由は？

※問W6-10　疑問実詞「いつ」は，なぜ答えなければならないのですか。

　問W6-11　「いつ」と「いつか」の違いについて説明してください。

　問W6-12　「いつもいる」の「いつも」の構造は「いつか」と似ていますか。

　問W6-13　「苦みが効いている」の「苦み niga+mi」について説明してください。

※問W6-14　「月見が丘」「遠くの親類より近くの他人」の構造を示してください。

※問W6-15　「雨が降るそうです」「雨が降りそうです」の下線部を説明してください。

　問W6-16　「ここで辛いのを食べたのを覚えている」の2つの「の」の違いは？

　問W6-17　「彼が来た理由を教えて」の「理由」を説明してください。

## W7章　実体の分類Ⅱ（肯否）

　問W7- 1　「かすかに見えない」と言いますか。Wp.100の表のどこに当たりますか。

※問W7- 2　「はっきり分かる」「絶対分かる」を否定にしたときの違いは何ですか。

　問W7- 3　「とうてい」という語は，肯否3で使うのですか。

※問W7- 4　「完全に分かる」を否定すると，2つの意味になりますか。

郵 便 は が き

１ ９ ２ ８ ７ ９ ０

０ ５ ６

料金受取人払郵便

八王子局承認

**407**

差出有効期間
2026年6月30日
まで

揺 籃 社

行

〔受取人〕
東京都八王子市
追分町一〇─四─一〇一

|ᏁᏁᏁ·ᏁᏁᏁᏁᏁ·ᏁᏁ·ᏁᏁᏁᏁᏁ·ᏁᏁᏁᏁ·ᏁᏁ·ᏁᏁᏁᏁᏁ·ᏁᏁᏁᏁ·ᏁᏁᏁᏁᏁᏁ|

---

● お買い求めの動機

1, 広告を見て（新聞・雑誌名 　　　　　　　　　） 2, 書店で見て
3, 書評を見て（新聞・雑誌名 　　　　　　　　　） 4, 人に薦められて
5, 当社チラシを見て 　6, 当社ホームページを見て
7, その他（ 　　　　　　　　　　　　　　　　　　　　　　　　）

● お買い求めの書店名

【 　　　　　　　　　　　　　　　　　　　　　　　　　　　　　】

● 当社の刊行図書で既読の本がありましたらお教えください。

読者カード

今後の出版企画の参考にいたしたく存じますので、
ご協力お願いします。

書名〔                                              〕

<sub>ふりがな</sub>
お名前                                年齢（    歳）
                                     性別（男・女）

ご住所　〒

                              TEL    （    ）

E-mail

ご職業

本書についてのご感想・お気づきの点があればお教えください。

## 書籍購入申込書

当社刊行図書のご注文があれば、下記の申込書をご利用下さい。郵送でご自宅まで
1週間前後でお届けいたします。書籍代金のほかに、送料が別途かかりますので予め
ご了承ください。

| 書　　　　　　名 | 定　　価 | 部　数 |
|---|---|---|
| | 円 | 部 |
| | 円 | 部 |
| | 円 | 部 |

※収集した個人情報は当社からのお知らせ以外の目的で許可なく使用することはいたしません

※問W7- 5 「幸い」「いささか」「とわ」「すぐ」「めった」の格表示と肯否はどの型ですか。
　問W7- 6 「全員来ない」や「全員に会わない」の場合はどう考えればいいですか。
　問W7- 7 「さほど」はG型客体(Wp.100)ではないですか。
※問W7- 8 「Ø1格」と「Ø2格」の違いは何ですか。
　問W7- 9 「もっとたくさん」の「もっと」は「たくさん」を修飾していますか。
　問W7-10 国文法で，他の副詞や名詞を修飾する場合もあるというのはどの副詞？
※問W7-11 構造の上には「副詞」とよばれる要素はあるのですか。


## あとがきの問題

　・以下の問いは，『日本語のしくみ(5)』(W) の「あとがき」にあるものです。
　・解答例はありませんが，各問いの後に示されている箇所を読めば分かります。


1　考えたり，発話をしたり，人の話を理解したりするときに働く力は？　Wp.3
2　自分の脳内の個人百科事典の，個性的な特徴を挙げてください。　Wp.5
3　もし格がないと，どういうことになりますか。　Wp.8
4　無格と無格詞の違いは何ですか。　Wp.10
5　主格，目的格と他の格の違いは何ですか。　Wp.11
6　「彼が書いた本が出版された。」この「本」を kak-の「を格」から「に格」に変えて。Wp.16
7　「あなた昨日吉屋寄って牛丼食べた？」の名詞になぜ格詞がない。Wp.17
8　「彼に鍵を借りた」「彼に鍵を返した」2つの「に格」は同じ格？　Wp.18
9　格を分類する普遍的な法則はあるでしょうか。どう考えますか。　Wpp.19-20
10　「を格」が目的格だけを示すのでないのはなぜですか。　Wpp.22-27, Wpp.30-31
11　「が格」が主格を表すようになったのは従属節内が先ですか，主文内ですか。Wp.28
12　「彼には(これが)持てない。」「彼」は動作主なのになぜ「に格」？　Wp.33
13　格の「へ」「から」「まで」は，元来は名詞でしたか。　Wp.34, Wp.41, Wp.42
14　アルバムの写真に添えて，「公園で」と「公園にて」のどちらを書く。Wp.36
15　「これって，おいしいの？」の「って」は格詞「と」と関係がありますか。Wp.40
16　格を表さない「まで」もありますか。　Wp.43
17　国語文法に「Ø1格」「Ø2格」の認識がないのはなぜですか。　Wp.44
18　「私たちにとってうれしい知らせが届いた。」の下線部は格のようです。　Wp.46
19　「の」の機能，の[1]，の[2]，の[3]，の[4]，の[5] について説明して。　Wpp.54-66
20　「『の』は所有格を表す。」という言い方に含まれる2つの間違いは何？　Wp.54
21　「家にいるより，学校に行きたい。」の格詞「より」は動詞に付いていますか。Wp.64
22　「AのB」の形はなぜ誤解しやすいのでしょうか。　Wp.68
23　「AがのB」「AをのB」「AにのB」と言わない理由は何ですか。　Wp.69
24　「の」の9相とは何ですか。　W5章
25　文を名詞化するのは何のためですか。　Wp.74

26 「普通実体」の構造上の形式はどんなものですか。　Wp.86

27 「普通実体」にA〜Fがありますが，それぞれの特性を説明して。　Wpp.86-89

28 実体は形式から8種類に分けられますが，それぞれどんな形式ですか。Wpp.84-96

29 動詞と形容詞の否定は，同じ否定詞で行いますか。　Wp.96

30 「否定1」と「否定2」の違いは何ですか。　Wp.98

31 格表示をする場合としない場合で，意味が変わる実体の例を挙げて。　Wp.99

32 肯定と否定での属性への関わり方で分類すると，客体は，何種類ですか。　Wp.100

33 実際使用において，C型客体はどんな問題がありそうですか。　Wp.100

---

**コラムX5**

### 無格と無格詞は同じ？

　前のページ（p.29）の 4 にこうあります。「無格と無格詞の違いは何ですか。」

**[無格]** …… 「無格」とは，実詞(名詞)に「格」(述語との論理関係)のないことです。文の中にあれば，すべての実詞が述語と論理関係(格)を持っていますから，文の中には「無格」の実詞はありえません。

　たとえば，次の例文では，「私」「あした」「店」は格を持っていないように見えますが，文の中にあるので，述語「開けます」と論理関係（つまり「格」）を持っています。格を持っているからこそ，意味が分かるのです。

　(1)　私，あしたは，10時に店，開けます。

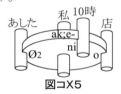

図コX5

　　　「私」……… Ø1格(主格)

　　　「あした」… Ø2格(実現する時を示す格)

　　　「店」……… o 格(目的格)

　　　「10時に」… ni 格 (時・明示されている)

「無格」というのは，実詞がたとえば辞書の見出し語になっているときのように，述語と論理関係を持たないことをいいます。

**[無格詞]**(無・格詞)…… 「無格詞」とは，格はあるのに，それが文において格詞によって明示されないことです。上の「私」「あした」「店」がこれに該当します。

　　　「私」……… Ø1格(主格) は，もともと音声（格詞）で表示されません。

　　　「あした」… Ø2格(ここでは「実現する時」を表す格)も表示されません。

　　　「店」……… o 格(目的格)はこのように表示されないこともあります。

　以上の3実詞が無格詞です。これに対して，「10時に」は，「に」によって「格」が表示されていますから，「無格詞」ではありません。

**「無格」**は，実詞が文の中にないことを意味し，**「無格詞」**は，実詞が文の中にあって，格があるのに，それが格詞（音形式）で表示されないことを意味します。

**今 泉 喜 一** (いまいずみ きいち)

| | |
|---|---|
| 1948年 | 群馬県生まれ(東京都板橋区育ち) |
| 1973年 | 東京外国語大学(モンゴル語学科)卒業 |
| 1975年 | 東京外国語大学大学院修士課程(アジア第1言語研究科)修了 |
| 1978年 | 国立国語研究所日本語教育長期専門研修受講 |
| 1979年～1990年 | 国際交流基金より日本語教育専門家として派遣される |

・モンゴル国立大学 （在ウランバートル）
・在カラチ日本国総領事館日本文化センター （パキスタン）
・スペイン公立マドリッド・アウトノマ大学

| | |
|---|---|
| 1990年～ | 杏林大学外国語学部講師 |
| 1993年～ | 杏林大学外国語学部助教授 |
| 1998年～ | 杏林大学外国語学部教授 |
| 1998年～ | 韓国・高麗大学校客員研究員 （1年間） |
| 2000年～ | 杏林大学大学院 (国際協力研究科) 教授兼任 |
| 2008年 | 博士号取得 (学術博士・杏林大学) |
| 2012年～ | Marquis Who's Who in the World に掲載される |
| 2014年 | 杏林大学定年退職 |

著書 『日本語構造伝達文法』(2000年版，2005年/2012年改訂版) 揺籃社，2000
　　　『日本語構造伝達文法 発展A』 揺籃社，2003
　　　『日本語態構造の研究－日本語構造伝達文法　発展B』 晃洋書房，2009
　　　『主語と時相と活用と－日本語構造伝達文法・発展C』 揺籃社，2014
　　　『日本語のしくみ(1)－日本語構造伝達文法 S－』 揺籃社，2015
　　　『日本語のしくみ(2)－日本語構造伝達文法 T－』 揺籃社，2016
　　　『日本語のしくみ(3)－日本語構造伝達文法 U－』 揺籃社，2017
　　　『日本語・中国語・印欧語－日本語構造伝達文法・発展D』揺籃社，2018
　　　『日本語のしくみ(4)－日本語構造伝達文法 V－』 揺籃社，2019
　　　『日本語のしくみ(5)－日本語構造伝達文法 W－』 揺籃社，2020
　　　『日本語・中国語・モンゴル語－日本語構造伝達文法・発展E』揺籃社，2021

E-mail: ki1imaizu@yahoo.co.jp （ → 1 : number ）
　　　　　(イチ)

「日本語構造伝達文法」ホームページ （すべての本が読めます。）
https://www.kouzou.biz/bumpoo.html

日本語のしくみ (6)
－日本語構造伝達文法 X－　653問題集　　　　　　　定価300円＋税

2021年10月20日発行

著　者　今　泉　喜　一
発行者　比　嘉　良　孝
発　行　揺　籃　社

〒192-0056　東京都八王子市追分町10-4-101
TEL 042-620-2626　E-mail:info@simizukobo.com
印刷／(株)清水工房　製本／(有)宮沢製本

ISBN978-4-89708-469-5 C1081